Elisabeth Clark & Jan Ormerod

Das Eselchen
und der Weihnachtsmann

Nacherzählt von Kristina Franke

COPPENRATH VERLAG MÜNSTER

Es war Weihnachtsabend, eine klirrend kalte
Nacht voll Dunkelheit und Stille.

Auf der Dorfweide stand frierend ein zottiges kleines Eselchen mit einem lahmen Bein.

An diesem Weihnachtsabend fühlte sich das Eselchen sehr einsam. Sogar die braune Kuh, die sonst mit ihm auf der Weide stand, war in den Stall geholt worden. „Komm mit, Braune", hatte die alte Frau gemurmelt, „komm nach Hause ins warme Stroh. Ich hab auch ein Bündel Heu für dich, schließlich ist morgen Weihnachten."

Das Eselchen hatte schon von Weihnachten gehört. Es wusste nicht viel darüber, aber wenn es mit Heu und Stroh zu tun hatte, musste es etwas Wunderbares sein! Das Eselchen schüttelte seinen schweren Kopf und stieß ein lang gezogenes, trauriges „Iii-aaa" aus. Da begann unten im Dorf die Kirchenglocke zwölf zu schlagen.

Als der letzte Ton verklungen war, hörte das
Eselchen plötzlich noch ein helles, silbriges
Läuten in der Luft, ein fernes feines Klingen,
als ob die Sterne oben leise bebten, und ein
Geräusch wie von schnell trappelnden Hufen
direkt über ihm … Und dann sah es jemanden
den Hügel hinaufkommen, eine große breite
Gestalt mit einem zottigen weißen Pelzmantel
und pelzbesetzten Stiefeln. Es war ein Mann mit
einem langen weißen Bart. Unter der Pelzkappe
leuchteten gütige Augen hervor wie zwei fun-
kelnde Sterne. Über der Schulter trug er einen
Sack, der schwer sein musste, denn der Mann
keuchte ein wenig von dem anstrengenden
Marsch den Hügel hinauf. Er schaute das
Eselchen an und das Eselchen schaute ihn an.

„Fröhliche Weihnachten, kleines Eselchen", sagte eine freundliche Stimme. „Ich habe dich rufen hören, mein Freund, und du klangst so einsam. Darum bin ich gekommen."

„Ich war einsam", sagte das Eselchen, „und ich freue mich, dass du gekommen bist. Aber, bitte – sag mir doch, wer bist du?"

Die freundliche Stimme sprach: „Ich bin der Weihnachtsmann. Ich habe gerade meine Rentiere nach Hause geschickt, sicher hast du das Schlittenläuten gehört. Sie hatten schon so einen langen Weg hinter sich, zu allen Kindern auf der ganzen Welt. Den letzten Sack kann ich allein nach Eichengrund tragen."

Das Eselchen schaute auf den Sack, der sehr schwer aussah, und es wusste, dass es mehr als drei Stunden bis nach Eichengrund waren. „Soll ich dir helfen?", fragte es. „Ich könnte den Sack tragen."

Der Weihnachtsmann sah das Eselchen liebevoll an. „Aber was ist mit deinem Bein?", fragte er. „Ich werde es schon schaffen", sagte das

Eselchen fest. „Das wirst du", sagte der Weihnachtsmann, „das wirst du." Er legte den Sack über den Rücken des Eselchens und sie zogen los. Sie stapften über die Weide, einen schmalen Weg hinab, einen steilen Hügel hinauf und dann die Straße entlang.

Immer weiter wanderten sie. Manchmal führte die Straße durch ein dichtes Waldstück, da war es ganz dunkel. Dann ging der Weihnachtsmann voran. Ein geheimnisvolles Leuchten umgab ihn. So war es ganz leicht ihm zu folgen. Aber meist ging der Weihnachtsmann neben dem Eselchen her und legte ihm die Hand auf die Schulter. Das Eselchen spürte sie durch sein graues, zottiges Fell und fühlte sich warm und sehr geborgen.

Immer wieder hielten sie bei einem Haus an und ließen ein Päckchen zurück. Das Eselchen spürte, dass der Sack leichter wurde, und wie durch ein Wunder fühlte es kaum Schmerzen in seinem lahmen Bein. Nun waren sie bald in Eichengrund.

Der Weihnachtsmann schaute zum Himmel hinauf. „Es dauert nicht mehr lange bis zum Morgengrauen", sagte er. Endlich erblickten sie am Fuß des Hügels ein weißes Haus mit einem Strohdach. Leise gackerten ein paar Hühner, das Haus aber lag noch in tiefem Schlaf. Nur aus einem Fenster drang ein schwacher Lichtschein und ein wenig weißer Rauch stieg aus dem Schornstein auf.

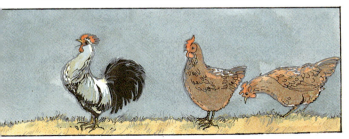

„Das ist die Mutter Liebethal", wusste der Weihnachtsmann. „Sie zündet das Herdfeuer an. Höchste Zeit für mich zu gehen. Fröhliche Weihnachten, kleines Eselchen!" Und dann stupste und küsste er den kleinen Esel auf seine samtige Nase. Der Bart war warm und kitzlig und weich. Das Eselchen musste niesen – aber das Niesen verwandelte sich in ein gewaltiges „Iii-aaa!" Jemand lachte leise und etwas streifte seine Ohren. Das Eselchen blickte um sich, aber der Weihnachtsmann war verschwunden. Einen Augenblick später war das Haus wach – hellwach!

Die Tür flog auf und da stand Mutter Liebethal
und staunte. Die Fenster gingen auf und heraus
schauten Vater Liebethal und vier ungläubige
Kindergesichter. Sie starrten das Eselchen an,
das da am Weihnachtsmorgen mit einem Sack
auf dem Rücken vor ihrem Haus stand.
Mutter Liebethal entdeckte an seinem Ohr
ein kleines weißes Schildchen. Darauf stand:
„Fröhliche Weihnachten, Familie Liebethal!"

Mutter Liebethal streichelte den Esel und gab ihm einen dicken Apfel. Dann leerte sie den Sack vorsichtig auf dem Küchenboden aus. Was war das für ein Jubel! Ein Fußball und vier rote Pullover, ein duftender Weihnachtskuchen und eine große Schachtel voller Süßigkeiten! Für die Kinder aber war das Eselchen selbst das schönste Geschenk. Sie streichelten und umarmten es und alle waren glücklich. Am glücklichsten aber war das Eselchen.

Seit diesem Weihnachtstag lebt das Eselchen
bei den Liebethals. Es ist ein richtig schmucker
kleiner Esel geworden. Die Kinder bürsten und
striegeln ihn, Vater Liebethal hat das lahme
Bein kuriert und manchmal zieht das Eselchen

Mutter Liebethal in einer kleinen Kutsche zum Einkaufen. Und wenn die Kinder auf seinem Rücken reiten, ist es das glücklichste und zufriedenste Eselchen auf der ganzen Welt.

ISBN 3-8157-1708-6
Die großformatige Originalausgabe
erschien 1993 by Viking
Published by the Penguin Group
London/NewYork/Victoria/Toronto/Auckland
© 1998 der deutschen Ausgabe beim Coppenrath Verlag, Münster
Alle Rechte vorbehalten, auch auszugsweise
Text © Elizabeth Clark, 1993
Illustration © Jan Ormerod, 1993
The moral right of the author and illustrator has been asserted.

Der Text erschien erstmalig unter dem Titel „The Donkey that
Helped Father Christmas" in „Twilight and Fireside"
bei University of London Press im Jahre 1942.
Printed in China